AF205590

Impressum
Verlag: BABADADA GmbH, Nedderfeld 112 , 22529 Hamburg
Geschäftsführer / Verlagsleitung: Harald Hof
Druck: Books on Demand GmbH, In de Tarpen 42, 22848 Norderstedt

Imprint
Publisher: BABADADA GmbH, Nedderfeld 112 , 22529 Hamburg, Germany
Managing Director / Publishing direction: Harald Hof
Print: Books on Demand GmbH, In de Tarpen 42, 22848 Norderstedt

l'école
l'école

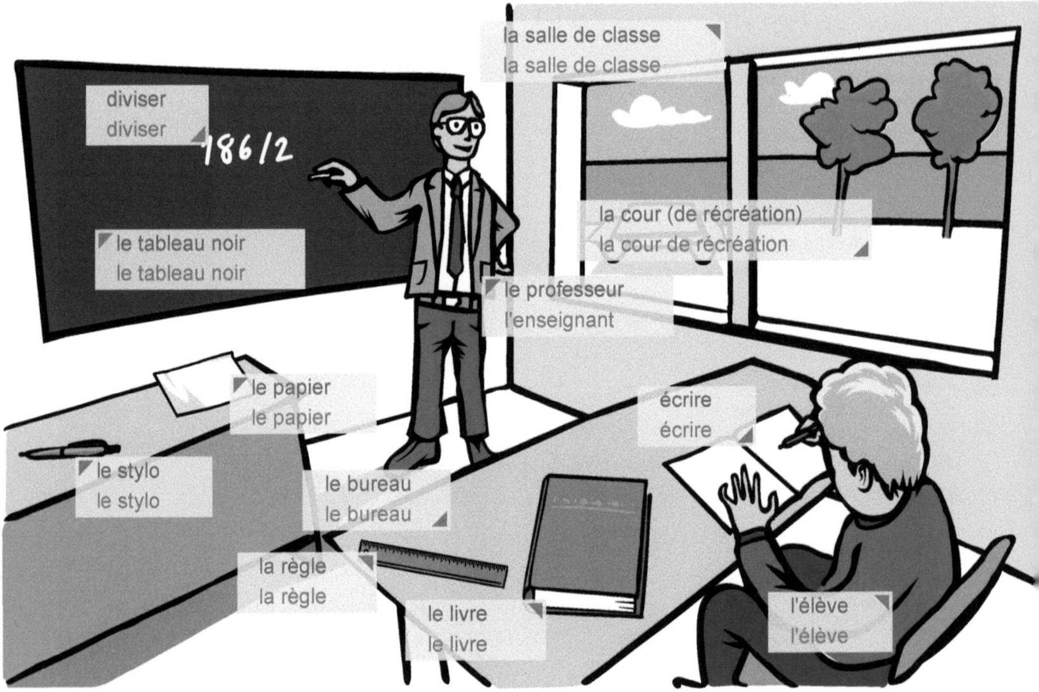
la salle de classe
la salle de classe
diviser
diviser
186/2
la cour (de récréation)
la cour de récréation
le tableau noir
le tableau noir
le professeur
l'enseignant
le papier
le papier
écrire
écrire
le stylo
le stylo
le bureau
le bureau
la règle
la règle
le livre
le livre
l'élève
l'élève

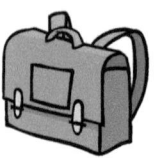

le cartable

le sac d'école

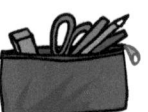

la trousse

la trousse

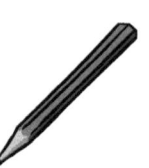

le crayon

le crayon

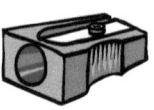

le taille-crayon

le taille-crayon

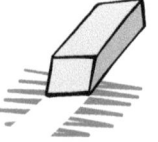

la gomme

la gomme

le carnet à dessin

le carnet à dessin

le dessin

le dessin

le pinceau

le pinceau

la boîte de peinture

la boîte de peinture

les ciseaux

les ciseaux

la colle

la colle

le cahier d'exercices

le cahier d'exercices

les devoirs

les tâches

le chiffre

le chiffre

additionner

additionner

soustraire

soustraire

multiplier

multiplier

calculer

calculer

la lettre

la lettre

l'alphabet

l'alphabet

le mot

le mot

le texte

le texte

lire

lire

la craie

la craie

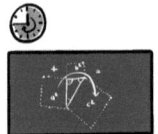

la leçon

la leçon

le livre de classe

le livre de classe

l'examen

l'examen

le certificat

le certificat

l'uniforme scolaire

l'uniforme scolaire

la formation

la formation

le lexique

le lexique

l'université

l'université

le microscope

le microscope

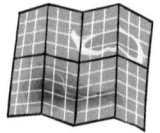

la carte

la carte

la corbeille à papier

la corbeille à papier

l'hôtel
l'hôtel

l'auberge
l'auberge

le bureau de change
le bureau de change

la valise
la valise

la voiture
la voiture

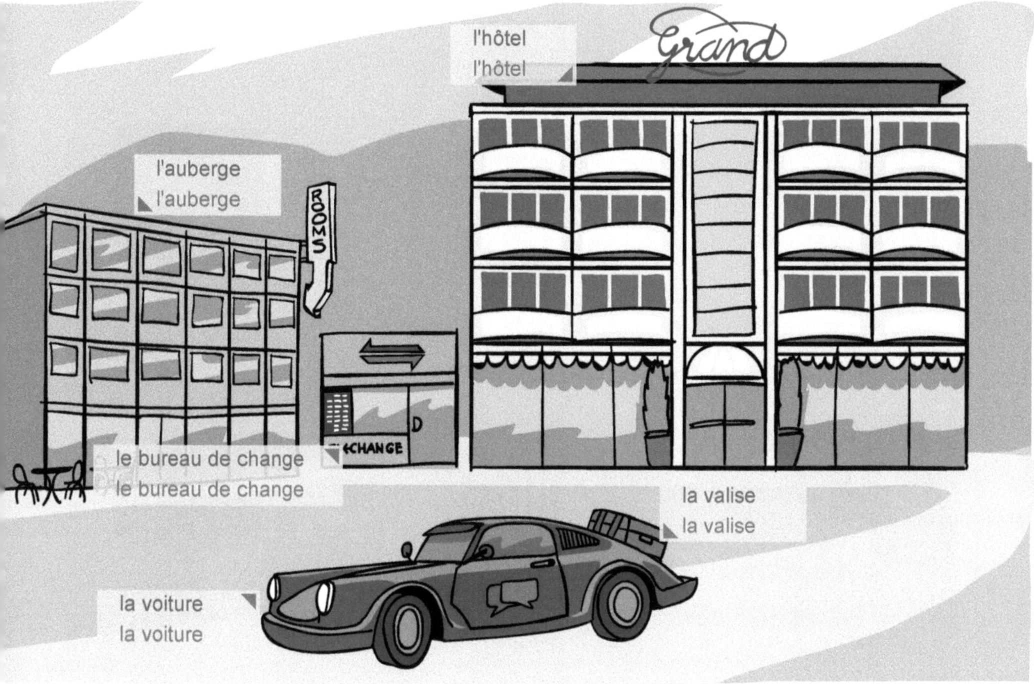

la langue

la langue

oui / non

oui / non

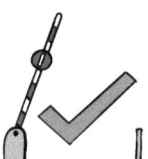

d'accord

d'accord

Salut

Salut

l'interprète

l'interprète

merci

merci

Combien coûte...?

Combien coûte...?

Je ne comprends pas

Je ne comprends pas

le problème

le problème

Bonsoir !

Bonsoir!

Bonjour !

Bonjour!

Bonne nuit !

Bonne nuit!

Au revoir

Au revoir

la direction

la direction

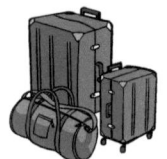

les bagages

les bagages

le sac

le sac

le sac-à-dos

le sac-à-dos

l'hôte

l'hôte

la pièce

la pièce

le sac de couchage

le sac de couchage

la tente

la tente

l'office de tourisme

l'office de tourisme

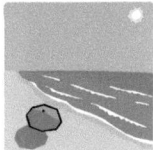

la plage

la plage

la carte de crédit

la carte de crédit

le petit-déjeuner

le petit-déjeuner

le déjeuner

le déjeuner

le dîner

le dîner

le billet

le billet

l'ascenseur

l'ascenseur

le timbre

le timbre

la frontière

la frontière

la douane

la douane

l'ambassade

l'ambassade

le visa

le visa

le passeport

le passeport

le transport
le transport

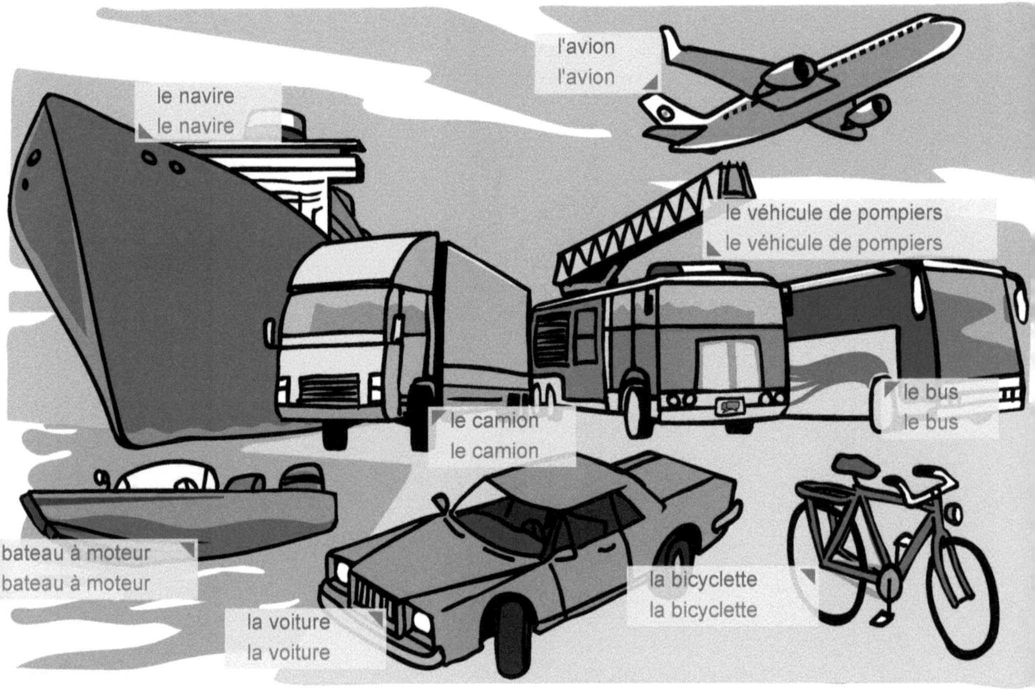
l'avion
l'avion
le navire
le navire
le véhicule de pompiers
le véhicule de pompiers
le bus
le bus
le camion
le camion
bateau à moteur
bateau à moteur
la bicyclette
la bicyclette
la voiture
la voiture

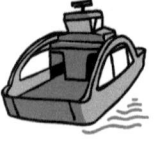

le ferry
....
le ferry

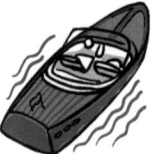

la barque
....
la barque

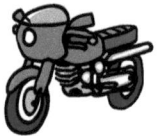

la moto
....
la moto

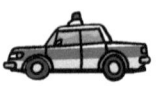

la voiture de police
....
la voiture de police

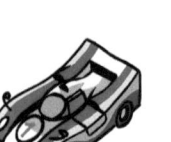

la voiture de course
....
la voiture de course

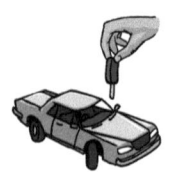

la voiture de location
....
la voiture de location

l'auto-partage

l'autopartage

la voiture de remorquage

la dépanneuse

la benne à ordures

la benne à ordures

le moteur

le moteur

l'essence

l'essence

la station d'essence

la station d'essence

le panneau indicateur

le panneau indicateur

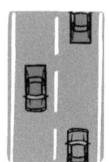

le trafic

le trafic

l'embouteillage

l'embouteillage

le parking

le parking

la gare

la gare

les rails

les rails

le train

le train

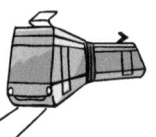

le tramway

le tram

le wagon

le wagon

l'hélicoptère

l'hélicoptère

l'aéroport

l'aéroport

la tour

la tour

le passager

le passager

le conteneur

le container

le carton

le carton

le chariot

le chariot

la corbeille

la corbeille

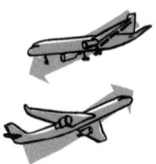

décoller / atterrir

décoller / atterrir

la ville

la ville

le village

le village

le centre-ville

le centre-ville

la maison

la maison

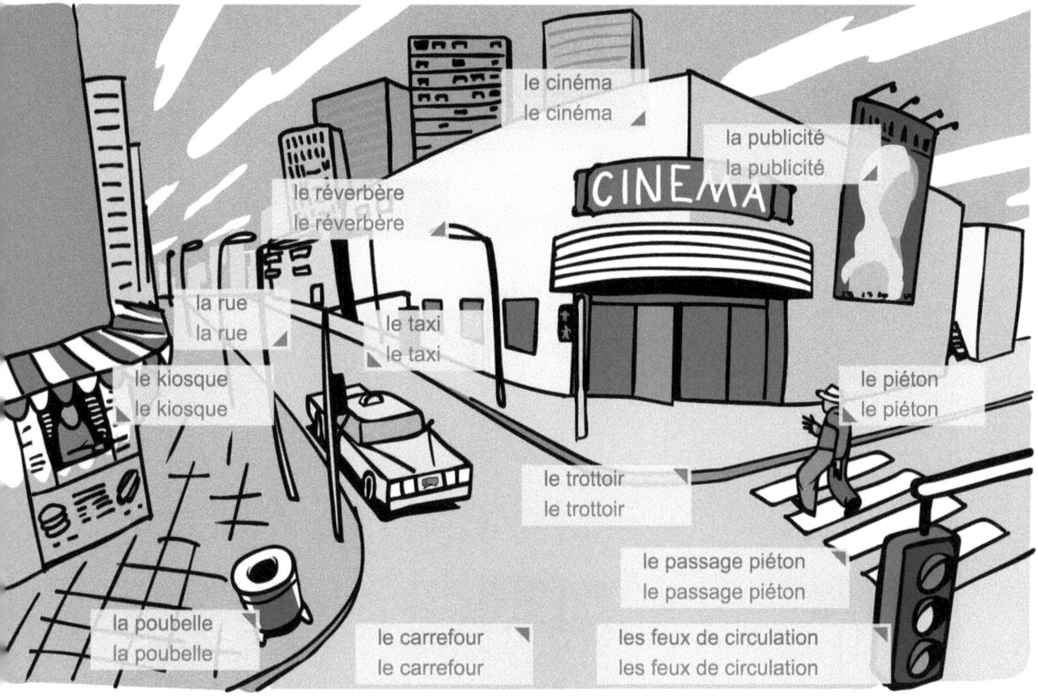
le cinéma
le cinéma
CINEMA
la publicité
la publicité
le réverbère
le réverbère
la rue
la rue
le taxi
le taxi
le kiosque
le kiosque
le piéton
le piéton
le trottoir
le trottoir
le passage piéton
le passage piéton
la poubelle
la poubelle
le carrefour
le carrefour
les feux de circulation
les feux de circulation

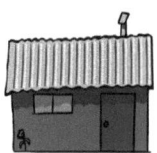

la cabane

la cabane

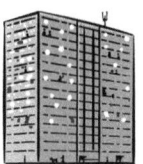

l'appartement

l'appartement

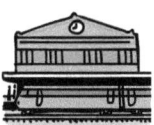

la gare

la gare

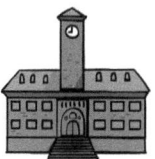

la mairie

la mairie

MUSEUM

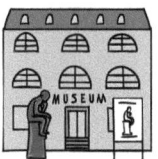

le musée

le musée

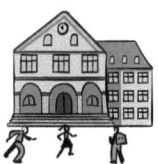

l'école

l'école

l'université
l'université

la banque
la banque

l'hôpital
l'hôpital

l'hôtel
l'hôtel

la pharmacie
la pharmacie

le bureau
le bureau

la librairie
la librairie

le magasin
le magasin

le fleuriste
le fleuriste

le supermarché
le supermarché

le marché
le marché

le grand magasin
le grand magasin

la poissonnerie
la poissonnerie

le centre commercial
le centre commercial

le port
le port

le parc

le parc

la banque

la banque

le pont

le pont

les escaliers

les escaliers

le métro

le métro

le tunnel

le tunnel

l'arrêt de bus

l'arrêt de bus

le bar

le bar

le restaurant

le restaurant

la boîte à lettres

la boîte à lettres

le panneau indicateur

le panneau indicateur

le parcmètre

le parcomètre

le zoo

le zoo

le réverbère

le réverbère

la mosquée

la mosquée

la ferme

la ferme

la pollution

la pollution

la cimetière

le cimetière

l'église

l'église

l'aire de jeux

l'aire de jeux

le temple

le temple

le paysage

le paysage

la feuille
la feuille

le panneau indicateur
le panneau indicateur

le chemin
le chemin

le pré
le pré

la pierre
la pierre

l'arbre
l'arbre

le randonneur
le randonneur

la rivière
la rivière

l'herbe
l'herbe

la fleur
la fleur

la vallée

la vallée

la montagne

la montagne

le lac

le lac

la forêt

la forêt

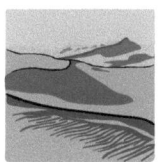

le désert

le désert

le volcan

le volcan

le château

le château

l'arc-en-ciel

l'arc-en-ciel

le champignon

le champignon

le palmier

le palmier

le moustique

le moustique

la mouche

la mouche

les fourmis

les fourmis

l'abeille

l'abeille

l'araignée

l'araignée

le coléoptère

le scarabée

la grenouille

la grenouille

l'écureuil

l'écureuil

le hérisson

le hérisson

le lièvre

le lapin

la chouette

la chouette

l'oiseau

l'oiseau

le cygne

le cygne

le sanglier

le sanglier

le cerf

le cerf

l'élan

l'élan

le barrage

le barrage

l'éolienne

l'éolienne

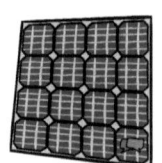

le panneau solaire

le panneau solaire

le climat

le climat

le restaurant
le restaurant

le serveur
le serveur
le menu
le menu
la chaise
la chaise
la soupe
la soupe
la pizza
la pizza
la nappe
la nappe
les couverts
les services

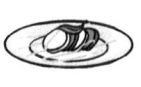

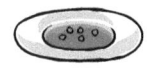

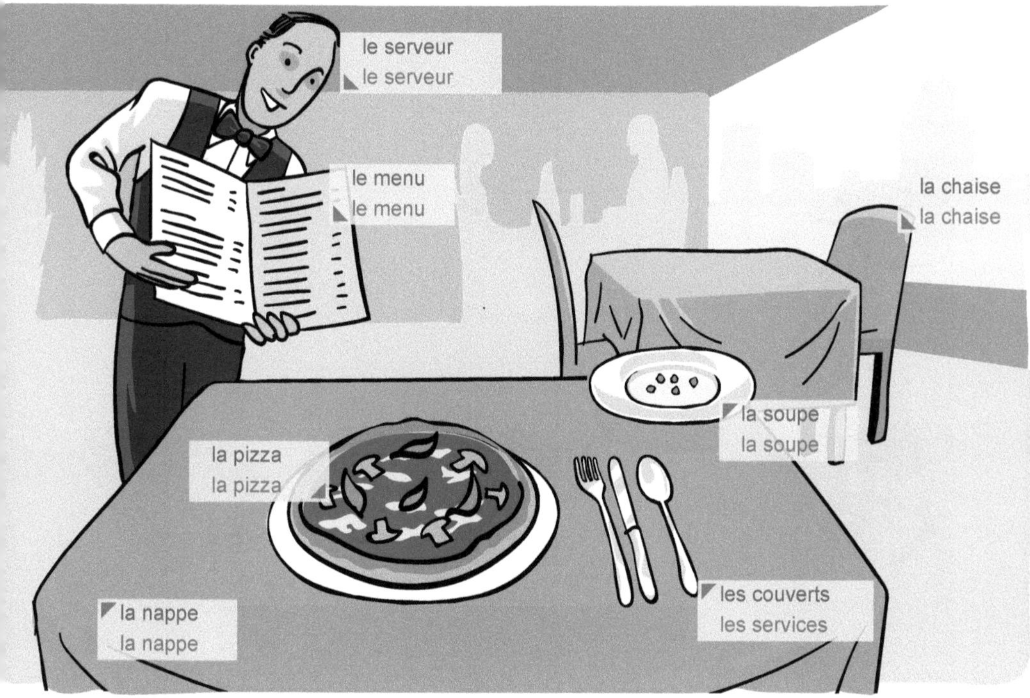

les hors d'œuvre

les hors d'œuvre

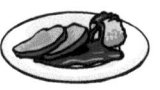

le plat principal

le plat principal

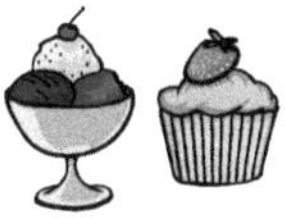

le dessert

le dessert

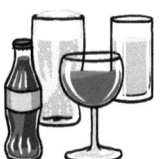

les boissons

les boissons

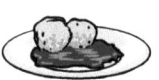

l'alimentation

l'alimentation

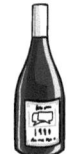

la bouteille

la bouteille

le fast-food

le fast-food

les plats à emporter

les plats à emporter

la théière

la théière

le sucrier

le sucrier

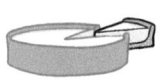

la portion

la portion

la machine à expresso

la machine à expresso

la chaise haute

la chaise haute

la facture

la facture

le plateau

le plateau

le couteau

le couteau

la fourchette

la fourchette

la cuillère

la cuillère

la cuillère à thé

la cuillère à thé

la serviette

la serviette

le verre

le verre

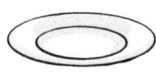

l'assiette

l'assiette

l'assiette à soupe

l'assiette à soupe

la soucoupe

la soucoupe

la sauce

la sauce

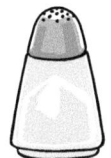

la salière

la salière

le moulin à poivre

le moulin à poivre

le vinaigre

le vinaigre

l'huile

l'huile

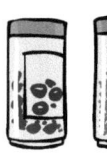

les épices

les épices

le ketchup

le ketchup

la moutarde

la moutarde

la mayonnaise

la mayonnaise

le supermarché

le supermarché

l'offre promotionnelle
l'offre promotionnelle
FOR
le client
le client
les produits laitiers
les produits laitiers
les fruits
les fruits
le chariot
le caddie

BUTCHERS

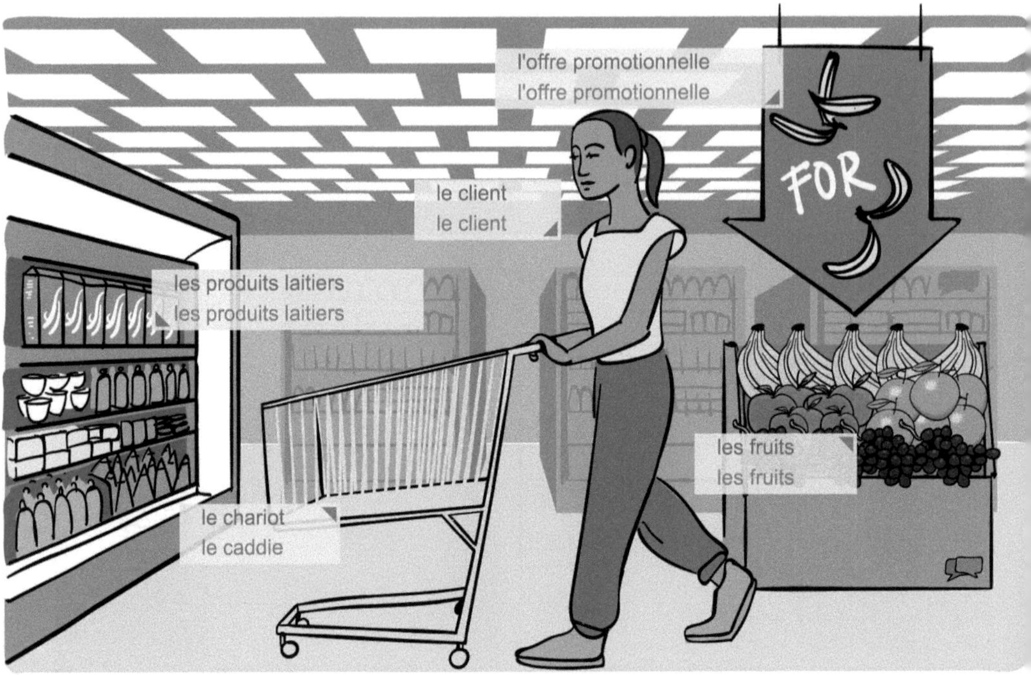

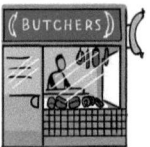

la boucherie

la boucherie

BAKERY

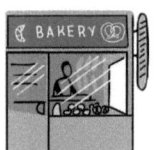

la boulangerie

la boulangerie

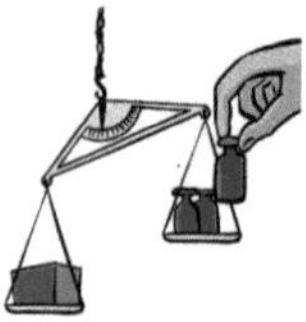

peser

peser

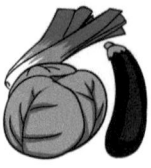

les légumes

les légumes

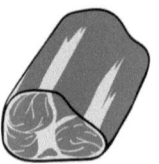

la viande

la viande

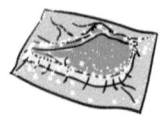

les aliments surgelés

les aliments surgelés

la charcuterie

la charcuterie

les conserves

les conserves

la poudre à lessive

la poudre à lessive

les bonbons

les bonbons

les articles ménagers

les articles ménagers

les détergents

les détergents

la vendeuse

la vendeuse

la caisse

la caisse

le caissier

le caissier

la liste d'achats

la liste d'achats

les heures d'ouverture

les heures d'ouverture

le portefeuille

le portefeuille

la carte de crédit

la carte de crédit

le sac

le sac

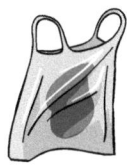

le sac en plastique

le sac en plastique

les boissons

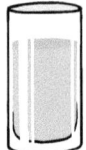

l'eau
l'eau

le jus de fruit
le jus de fruit

le lait
le lait

le coca
le coca

le vin
le vin

la bière
la bière

l'alcool
l'alcool

le chocolat chaud
le chocolat chaud

le thé
le thé

le café
le café

l'expresso
l'expresso

le cappuccino
le cappuccino

la banane

la banane

la pomme

la pomme

l'orange

l'orange

le melon

le melon

le citron.

le citron

la carotte

la carotte

l'ail

l'ail

le bambou

le bambou

l'oignon

l'oignon

le champignon

le champignon

les noisettes

les noisettes

les pâtes

les pâtes

les spaghetti

les spaghettis

le riz

le riz

la salade

la salade

les pommes frites

les frites

les pommes de terre rôties

les pommes de terre rôties

la pizza

la pizza

le hamburger

le hamburger

le sandwich

le sandwich

l'escalope

l'escalope

le jambon

le jambon

le salami

le salami

la saucisse

la saucisse

le poulet

le poulet

le rôti

le rôti

le poisson

le poisson

les flocons d'avoine

les flocons d'avoine

le muesli

le muesli

les cornflakes

les cornflakes

la farine

la farine

le croissant

le croissant

les petits-pains

les petits-pains

le pain

le pain

le pain grillé

le pain grillé

les biscuits

les biscuits

le beurre

le beurre

le fromage blanc

le fromage blanc

le gâteau

le gâteau

l'œuf

l'œuf

l'œuf au plat

l'œuf au plat

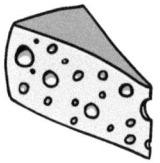

le fromage

le fromage

la glace

la glace

le sucre

le sucre

le miel

le miel

la confiture

la confiture

la crème nougat

la crème nougat

le curry

le curry

la ferme
la ferme

la botte de paille
la botte de paille

la grange
la grange

le champ
le champ

le cheval
le cheval

la remorque
la remorque

le tracteur
le tracteur

le poulain
le poulain

l'âne
l'âne

l'agneau
l'agneau

le mouton
le mouton

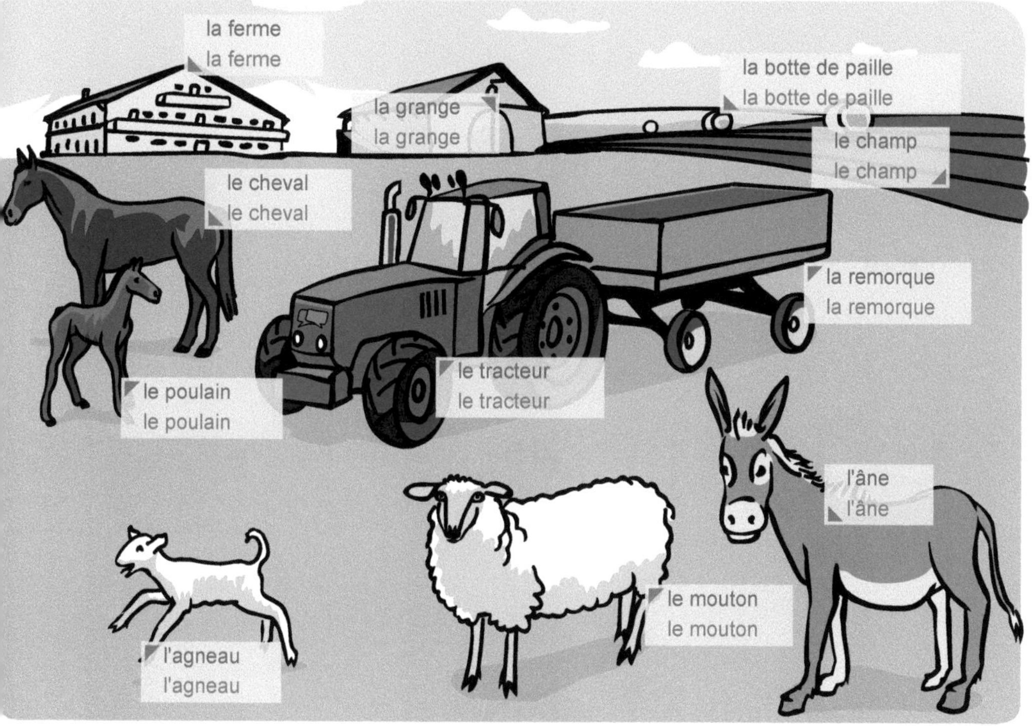

la chèvre
la chèvre

la vache
la vache

le veau
le veau

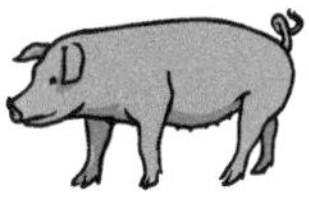

le porc
le porc

le porcelet
le porcelet

le taureau
le taureau

l'oie

l'oie

le canard

le canard

le poussin

le poussin

la poule

la poule

le coq

le coq

le rat

le rat

le chat

le chat

la souris

la souris

le bœuf

le bœuf

le chien

le chien

le chenil

le chenil

le tuyau de jardin

le tuyau de jardin

l'arrosoir

l'arrosoir

la faucheuse

la faucheuse

la charrue

la charrue

la faucille

la faucille

la pioche

la pioche

la fourche

la fourche

la hache

la hache

la brouette

la brouette

la cuve

la cuve

le pot à lait

le pot à lait

le sac

le sac

la clôture

la clôture

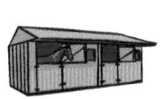

l'étable

l'étable

le serre

la serre

le sol

le sol

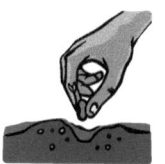

les semences

les semences

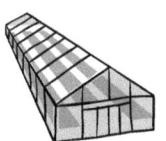

l'engrais

l'engrais

la moissonneuse-batteuse

la moissonneuse-batteuse

récolter
récolter

la récolte
la récolte

l'igname
l'igname

le blé
le blé

le soja
le soja

la pomme de terre
la pomme de terre

le maïs
le maïs

le colza
le colza

l'arbre fruitier
l'arbre fruitier

le manioc
le manioc

les céréales
les céréales

la maison
la maison

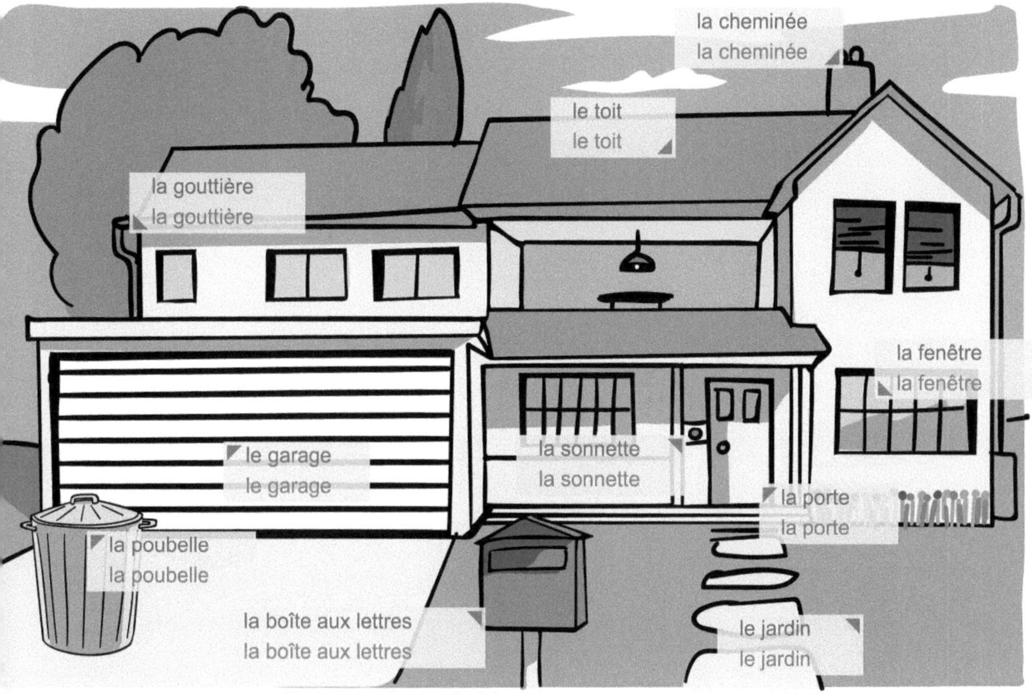
la cheminée
la cheminée
le toit
le toit
la gouttière
la gouttière
la fenêtre
la fenêtre
la sonnette
la sonnette
le garage
le garage
la porte
la porte
la poubelle
la poubelle
la boîte aux lettres
la boîte aux lettres
le jardin
le jardin

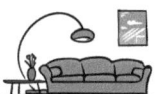

le salon

le salon

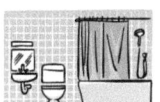

la salle de bain

la chambre de bain

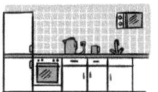

la cuisine

la cuisine

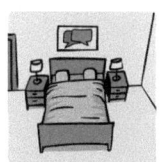

la chambre à coucher

la chambre à coucher

la chambre d'enfant

la chambre d'enfant

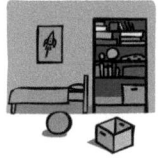

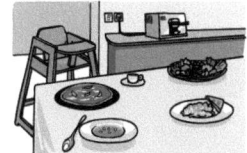

la salle à manger

la salle à manger

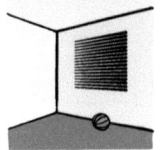

le sol

le sol

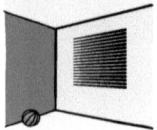

le mur

le mur

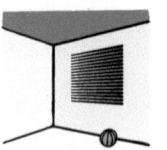

le plafond

le plafond

la cave

la cave

le sauna

le sauna

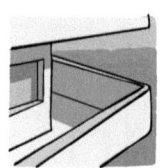

le balcon

le balcon

la terrasse

la terrasse

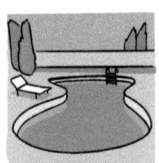

la piscine

la piscine

la tondeuse à gazon

la tondeuse à gazon

la housse

la fourre de duvet

la couette

la couette

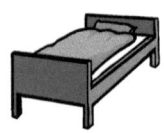

le lit

le lit

le balai

le balai

le sceau

le sceau

l'interrupteur

l'interrupteur

le salon
le salon

le papier peint
le papier peint
l'image
l'image
la lampe
la lampe
l'étagère
l'étagère
l'armoire
l'armoire
la télé
la télé
la cheminée
la cheminée
la fleur
la fleur
le coussin
le coussin
le sofa
le canapé
le vase
le vase
la télécommande
la télécommande

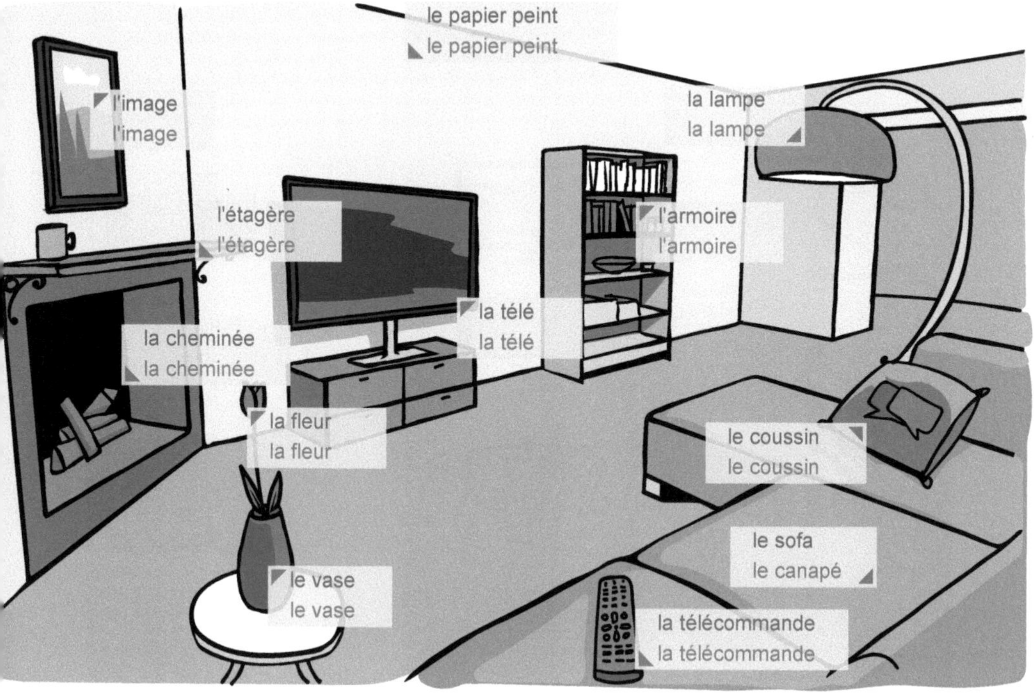

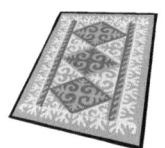

le tapis
le tapis

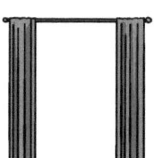

le rideau
le rideau

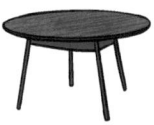

la table
la table

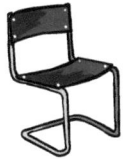

la chaise
la chaise

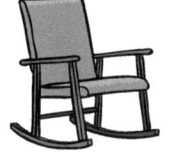

la chaise à bascule
la chaise à bascule

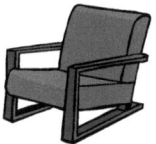

le fauteuil
le fauteuil

le livre

le livre

la couverture

la couverture

la décoration

la décoration

le bois de chauffage

le bois de chauffage

le film

le film

la chaîne hi-fi

la chaîne hi-fi

la clé

la clé

le journal

le journal

la peinture

la peinture

le poster

le poster

la radio

la radio

le bloc-notes

le bloc-notes

l'aspirateur

l'aspirateur

le cactus

le cactus

la bougie

la bougie

la cuisine
la cuisine

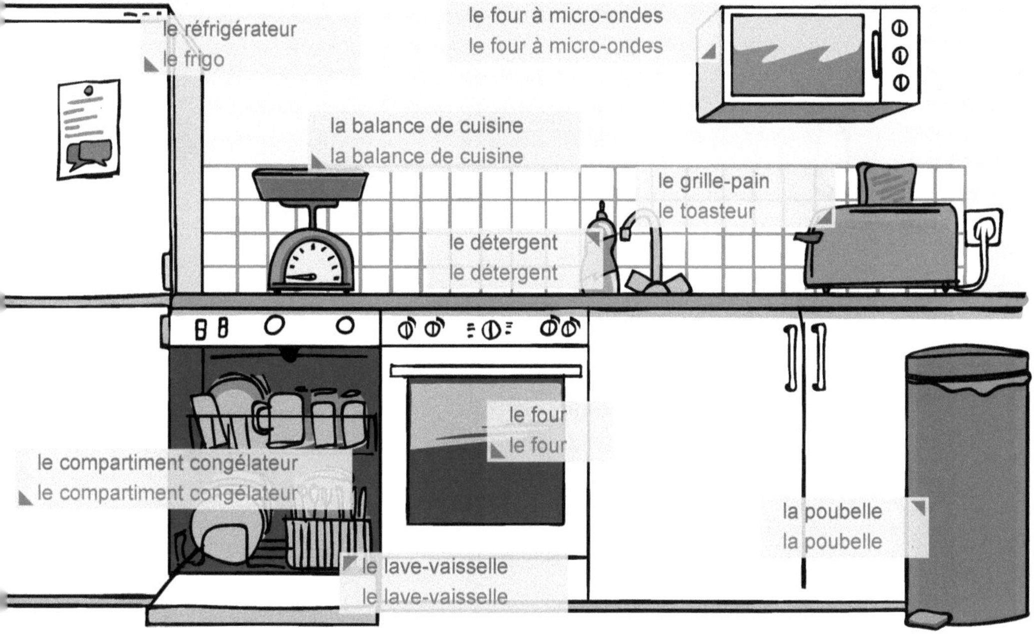

le four à micro-ondes
le four à micro-ondes
le réfrigérateur
le frigo
la balance de cuisine
la balance de cuisine
le grille-pain
le toasteur
le détergent
le détergent
le four
le four
le compartiment congélateur
le compartiment congélateur
la poubelle
la poubelle
le lave-vaisselle
le lave-vaisselle

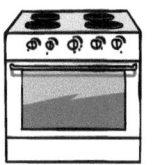

le four

le four

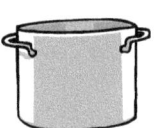

la casserole

la casserole

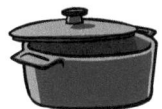

la marmite

la marmite

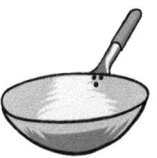

le wok / kadai

le wok/kadai

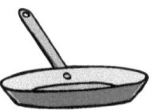

la poêle

la poêle

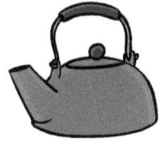

la bouilloire electrique

la bouilloire électrique

le cuiseur vapeur

le cuiseur vapeur

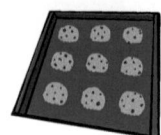

la plaque de cuisson

la plaque de cuisson

la vaisselle

la vaisselle

le gobelet

le gobelet

la coupe

le bol

les baguettes

les baguettes

la louche

la louche

la spatule

la spatule

le fouet

le fouet

la passoire

la passoire

le tamis

le tamis

la râpe

la râpe

le mortier

le mortier

le barbecue

le barbecue

la cheminée

la cheminée

la cuisine - la cuisine

la planche à découper

la planche à découper

le rouleau à pâtisserie

le rouleau à pâtisserie

le tire-bouchon

le tire-bouchon

la boîte

la boîte

l'ouvre-boîte

l'ouvre-boîte

les maniques

les maniques

le lavabo

le lavabo

la brosse

la brosse

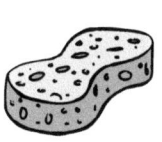

l'éponge

l'éponge

le mixeur

le mixeur

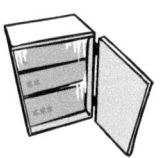

le congélateur

le congélateur

le biberon

le biberon

le robinet

le robinet

la salle de bain
la chambre de bain

la douche
la douche
le chauffage
le chauffage
la serviette
la serviette
le rideau de douche
le rideau de douche
le bain moussant
le bain moussant
la baignoire
la baignoire
le verre
le verre
la machine à laver
la machine à laver
le robinet
le robinet
le carrelage
le carrelage
le pot
le pot
le lavabo
le lavabo

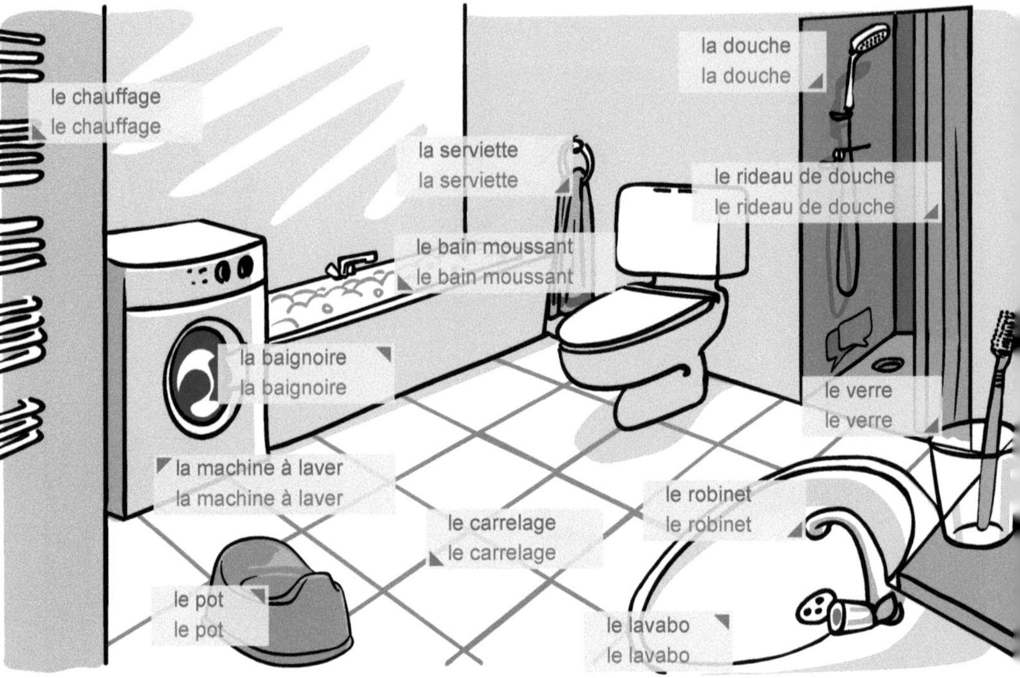

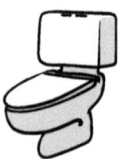

les toilettes

les toilettes

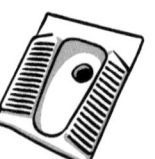

la toilette à la turque

la toilette à la turque

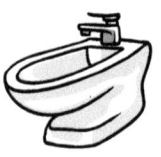

le bidet

le bidet

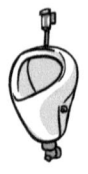

l'urinoir

l'urinoir

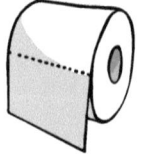

le papier toilette

le papier toilette

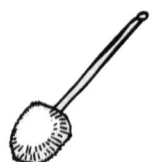

la brosse à toilette

la brosse à toilette

la brosse à dents

la brosse à dents

le dentifrice

le dentifrice

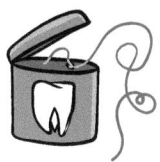

le fil dentaire

le fil dentaire

laver

laver

la douche manuelle

la douche manuelle

la douche intime

la douche intime

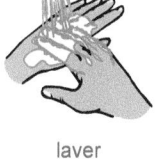

la vasque

la vasque

la brosse dorsale

la brosse dorsale

le savon

le savon

le gel douche

le gel douche

le shampooing

le shampooing

le gant de toilette

le gant de toilette

l'écoulement

l'écoulement

la crème

la crème

le déodorant

le déodorant

le miroir

le miroir

le miroir cosmétique

le miroir cosmétique

le rasoir

le rasoir

la mousse à raser

la mousse à raser

l'après-rasage

l'après-rasage

la peigne

la peigne

la brosse

la brosse

le sèche-cheveux

le sèche-cheveux

la laque pour cheveux

la laque pour cheveux

le fond de teint

le fond de teint

le rouge à lèvres

le rouge à lèvres

le vernis à ongles

le vernis à ongles

l'ouate

l'ouate

le coupe-ongles

le coupe-ongles

le parfum

le parfum

la trousse de toilette

la trousse de toilette

le tabouret

le tabouret

le pèse-personne

la balance

le peignoir

le peignoir

les gants de nettoyage

les gants de nettoyage

le tampon

le tampon

les serviettes hygiéniques

les serviettes hygiéniques

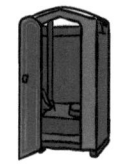

la toilette chimique

la toilette chimique

la chambre d'enfant

la chambre d'enfant

le réveil
le réveil
le doudou
le doudou
la voiture jouet
la voiture jouet
le hochet
le hochet
la maison de poupée
la maison de poupée
le cadeau
le cadeau

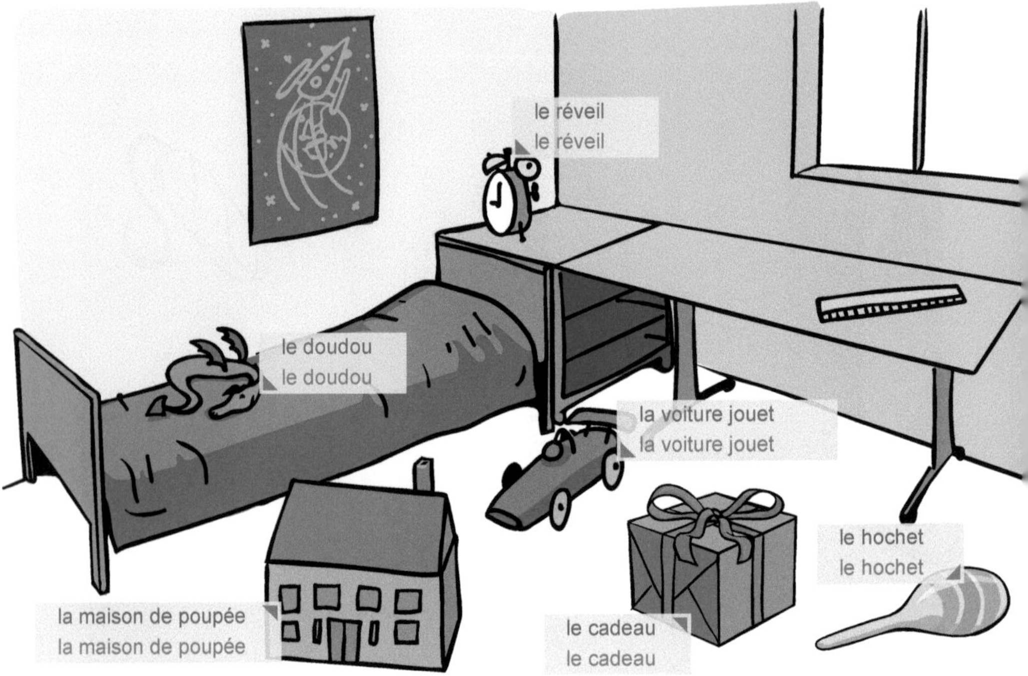

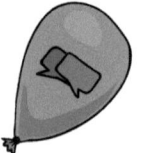

le ballon

le ballon

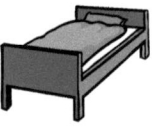

le lit

le lit

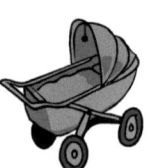

la poussette

la poussette

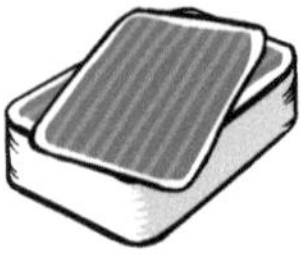

le jeu de cartes

le jeu de cartes

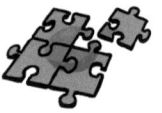

le puzzle

le puzzle

SUPER
MEGA

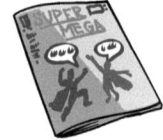

la bande dessinée

la bande dessinée

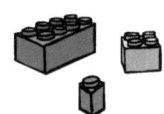

les pièces lego

les pièces lego

les blocs de construction

les blocs de construction

la figurine

la figurine

la grenouillère

la grenouillère

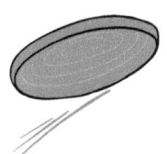

le frisbee

le frisbee

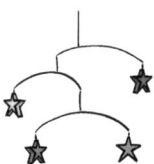

le mobile

le mobile

le jeu de société

le jeu de société

le dé

le dé

le train miniature

le train miniature

la sucette

la sucette

la fête

la fête

le livre d'images

le livre d'images

la balle

la balle

la poupée

la poupée

jouer

jouer

le bac à sable

le bac à sable

la balançoire

la balançoire

les jouets

les jouets

la console de jeu

la console de jeu

le tricycle

le tricycle

l'ours en peluche

l'ours en peluche

l'armoire

l'armoire

les vêtements

les vêtements

les chaussettes

les chaussettes

les bas

les bas

le collant

le collant

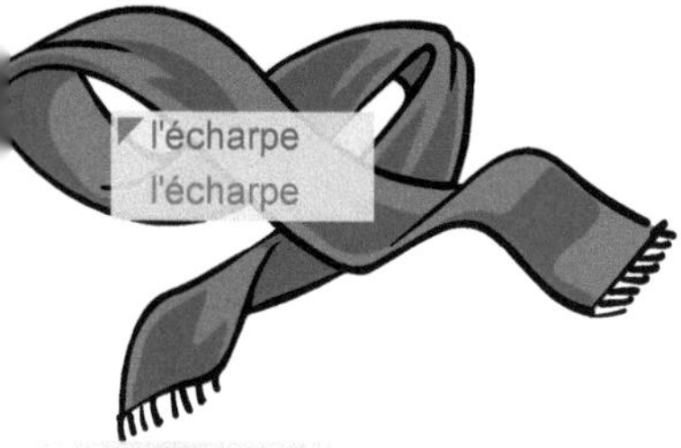

l'écharpe
l'écharpe

le parapluie
le parapluie

le t-shirt
le t-shirt

la ceinture
la ceinture

les bottes
les bottes

les pantoufles
les pantoufles

les baskets
les baskets

les sandales
les sandales

les chaussures
les chaussures

les bottes de caoutchouc
les bottes de caoutchouc

les sous-vêtements
le linge de corps

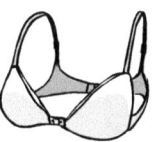

le soutien-gorge
le soutien-gorge

le maillot de corps
le maillot de corps

le body

le body

le pantalon

le pantalon

le jean

le jean

la jupe

la jupe

le chemisier

le chemisier

la chemise

la chemise

le pull

le pull

le sweat à capuche

le pull-over à capuche

la veste

la veste

la veste

la veste

le manteau

le manteau

l'imperméable

l'imperméable

le costume

le costume

la robe

la robe

la robe de mariée

la robe de mariée

le costume

le costume

la chemise de nuit

la chemise de nuit

le pyjama

le pyjama

le sari

le sari

le foulard

le foulard

le turban

le turban

la burqa

la burqa

le caftan

le caftan

l'abaya

l'abaya

le maillot de bain

le maillot de bain

le maillot de bain

le costume de bain

le short

les cuissettes

la tenue d'entraînement

la tenue d'entraînement

le tablier

le tablier

les gants

les gants

le bouton

le bouton

les lunettes

les lunettes

le bracelet

le bracelet

le collier

le collier

la bague

la bague

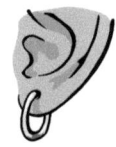

la boucle d'oreille

la boucle d'oreille

le bonnet

le bonnet

le cintre

le cintre

le chapeau

le chapeau

la cravate

la cravate

la fermeture éclair

la fermeture éclair

le casque

le casque

les bretelles

les bretelles

l'uniforme scolaire

l'uniforme scolaire

l'uniforme

l'uniforme

le bavoir
le bavoir

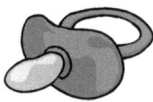

la sucette
la sucette

la lange
la couche

le bureau
le bureau

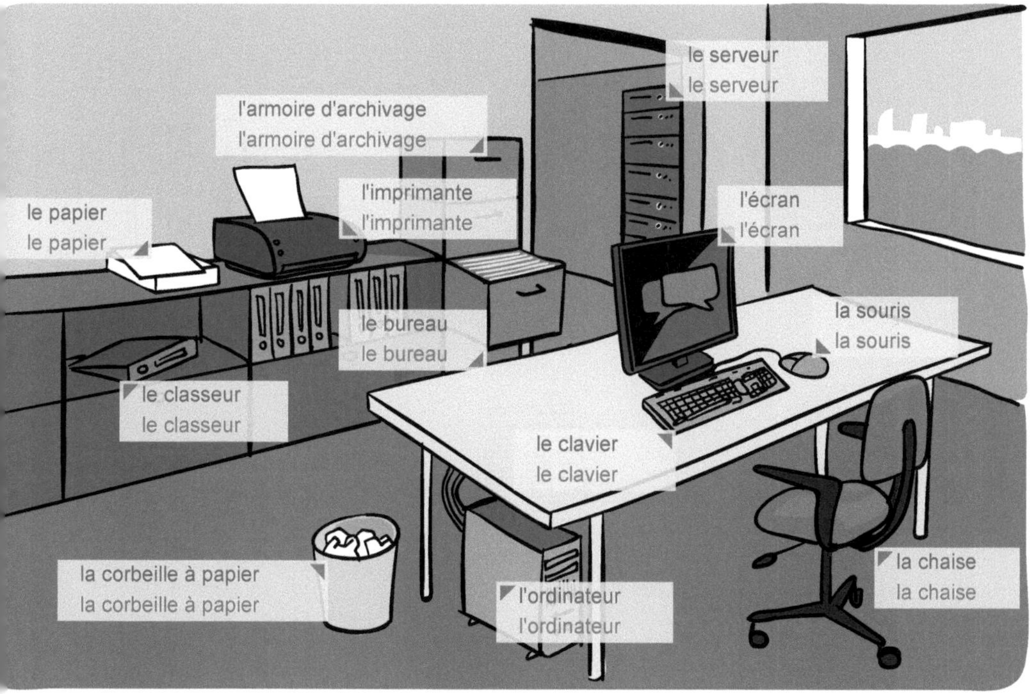

le serveur
le serveur

l'armoire d'archivage
l'armoire d'archivage

l'imprimante
l'imprimante

l'écran
l'écran

le papier
le papier

la souris
la souris

le bureau
le bureau

le classeur
le classeur

le clavier
le clavier

la corbeille à papier
la corbeille à papier

la chaise
la chaise

l'ordinateur
l'ordinateur

la tasse de café
la tasse à café

la calculatrice
la calculatrice

l'internet
l'internet

l'ordinateur portable

l'ordinateur portable

la lettre

la lettre

le message

le message

le portable

le portable

le réseau

le réseau

la photocopieuse

la photocopieuse

le logiciel

le logiciel

le téléphone

le téléphone

la prise

la prise

le fax

le fax

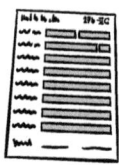

le formulaire

le formulaire

le document

le document

acheter

acheter

payer

payer

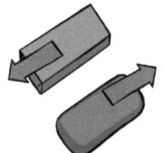

faire du commerce

marchander

la monnaie

la monnaie

le dollar

le dollar

l'euro

l'euro

le yen

le yen

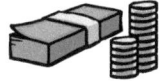

le rouble

le rouble

le franc suisse

le franc suisse

le renminbi yuan

le renminbi yuan

la roupie

la roupie

le distributeur automatique

le distributeur automatique

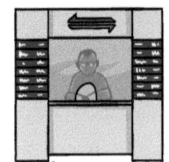

le bureau de change

le bureau de change

l'or

l'or

l'argent

l'argent

le pétrole

le pétrole

l'énergie

l'énergie

le prix

le prix

le contrat

le contrat

la taxe

la taxe

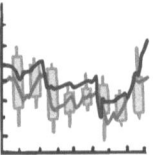

l'action

l'action

travailler

travailler

l'employé

l'employé

l'employeur

l'employeur

l'usine

l'usine

le magasin

le magasin

les professions
les professions

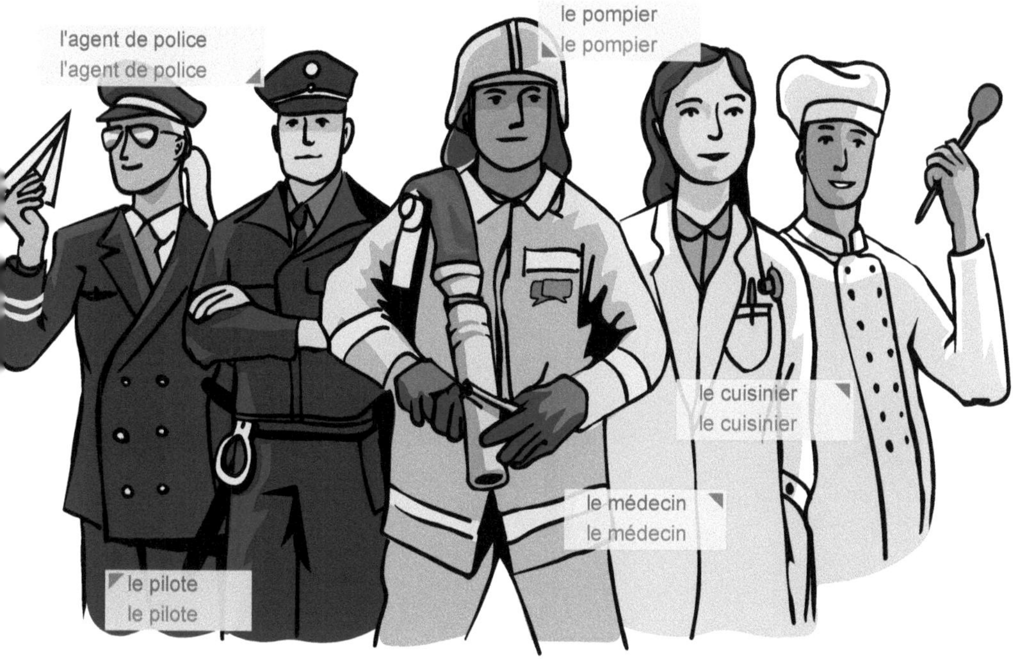
l'agent de police
l'agent de police
le pompier
le pompier
le cuisinier
le cuisinier
le médecin
le médecin
le pilote
le pilote

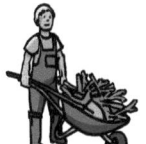

le jardinier

le jardinier

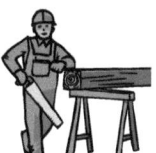

le menuisier

le menuisier

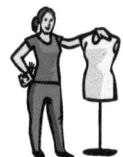

la couturière

la couturière

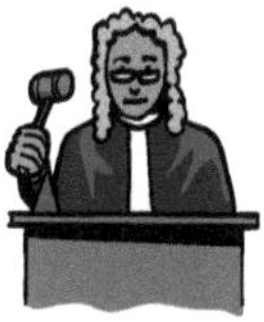

le juge

le juge

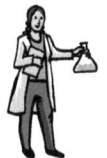

le chimiste

le chimiste

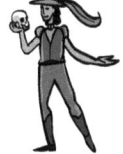

l'acteur

l'acteur

le conducteur de bus

le conducteur de bus

le chauffeur de taxi

le chauffeur de taxi

le pêcheur

le pêcheur

la femme de ménage

la femme de ménage

le couvreur

le couvreur

le serveur

le serveur

le chasseur

le chasseur

le peintre

le peintre

le boulanger

le boulanger

l'électricien

l'électricien

l'ouvrier

l'ouvrier

l'ingénieur

l'ingénieur

le boucher

le boucher

le plombier

le plombier

le facteur

le facteur

le soldat

le soldat

l'architecte

l'architecte

le caissier

le caissier

le fleuriste

le fleuriste

le coiffeur

le coiffeur

le contrôleur

le contrôleur

le mécanicien

le mécanicien

le capitaine

le capitaine

le dentiste

le dentiste

le scientifique

le scientifique

le rabbin

le rabbin

l'imam

l'imam

le moine

le moine

le prêtre

le prêtre

les outils
les outils

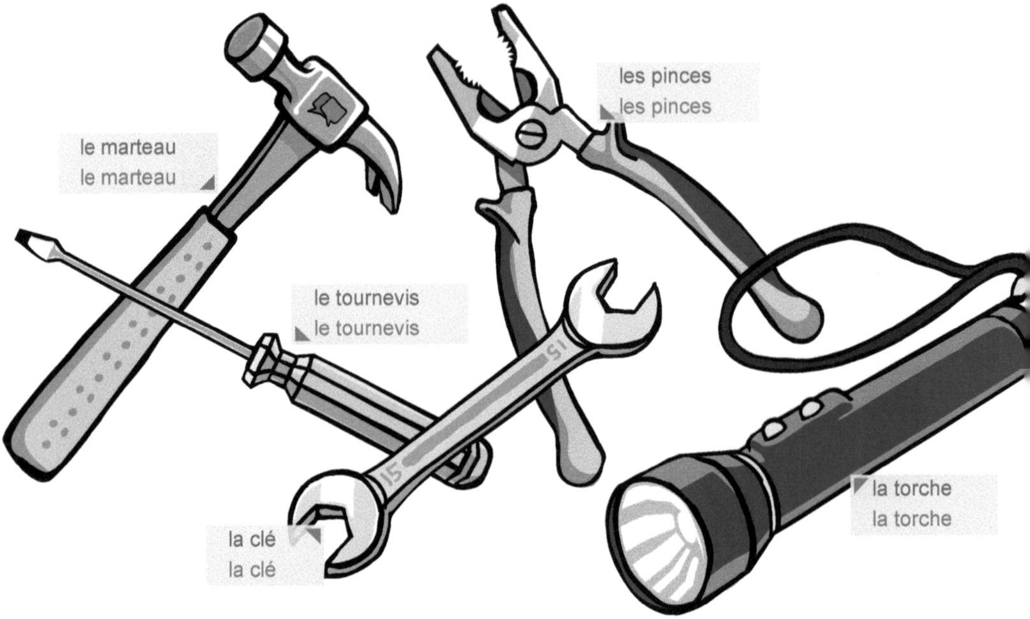
les pinces
les pinces
le marteau
le marteau
le tournevis
le tournevis
la clé
la clé
la torche
la torche

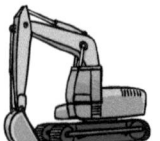

la pelleteuse
la pelleteuse

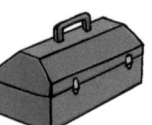

la boîte à outils
la boîte à outils

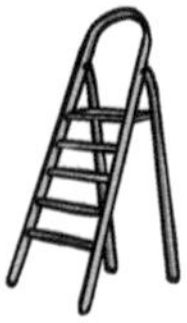
l'échelle
l'échelle

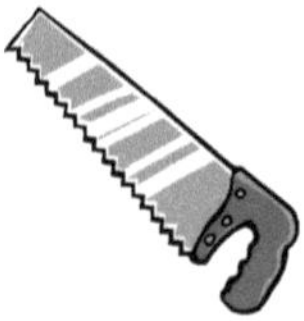

la scie
la scie

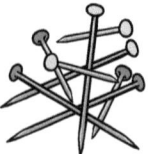

les clous
les clous

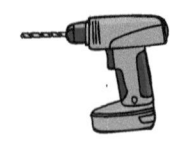

la perceuse
la perceuse

réparer

réparer

la pelle

la pelle

Mince !

Mince!

la pelle

la pelle

le pot de peinture

le pot de peinture

les vis

les vis

les instruments de musique

les instruments de musique

la batterie

la batterie

le haut-parleurs

le haut-parleur

la guitare

la guitare

la contrebasse

la contrebasse

la trompette

la trompette

le piano

le piano

le violon

le violon

la basse

la basse

les timbales

les timbales

le tambour

le tambour

le piano électrique

le piano électrique

le saxophone

le saxophone

la flûte

la flûte

le microphone

le microphone

le zoo

le zoo

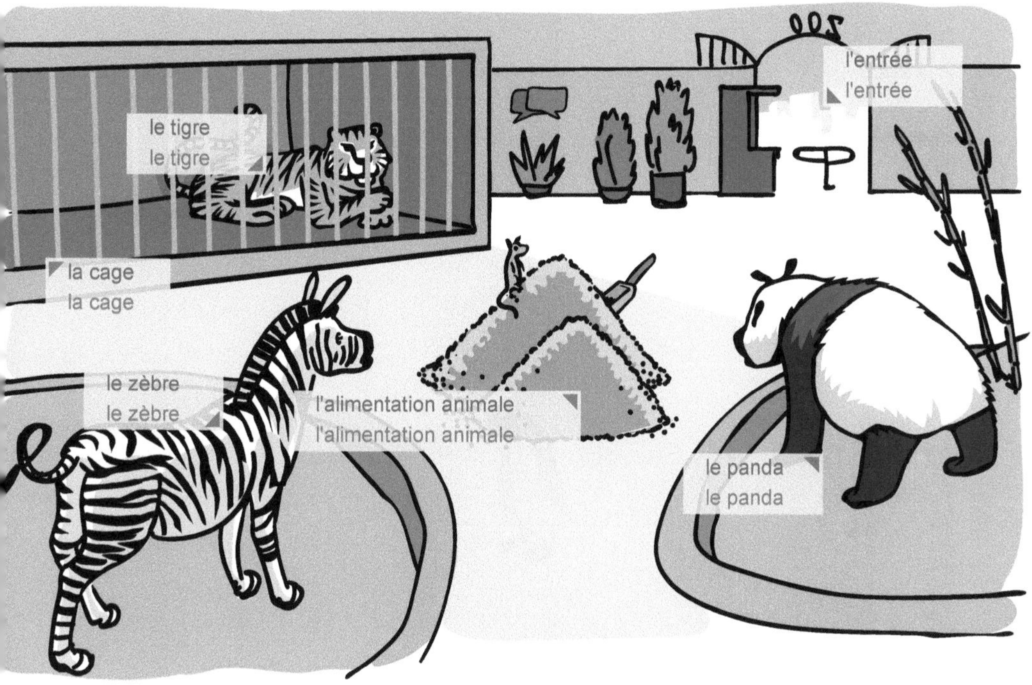

le tigre
le tigre
la cage
la cage
le zèbre
le zèbre
l'alimentation animale
l'alimentation animale
l'entrée
l'entrée
le panda
le panda

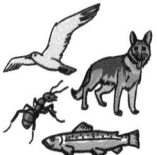

les animaux

les animaux

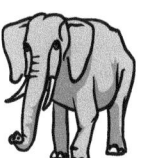

l'éléphant

l'éléphant

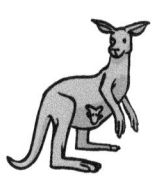

le kangourou

le kangourou

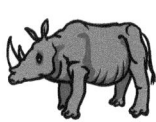

le rhinocéros

le rhinocéros

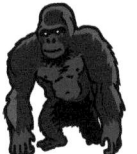

le gorille

le gorille

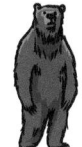

l'ours

l'ours

le chameau

le chameau

l'autruche

l'autruche

le lion

le lion

le singe

le singe

le flamand rose

le flamand rose

le perroquet

le perroquet

l'ours polaire

l'ours polaire

le pingouin

le pingouin

le requin

le requin

le paon

le paon

le serpent

le serpent

le crocodile

le crocodile

le gardien de zoo

le gardien de zoo

le phoque

le phoque

le jaguar

le jaguar

le poney

le poney

le léopard

le léopard

l'hippopotame

l'hippopotame

la girafe

la girafe

l'aigle

l'aigle

le sanglier

le sanglier

le poisson

le poisson

la tortue

la tortue

le morse

le morse

le renard

le renard

la gazelle

la gazelle

l'american Football
l'american Football

le cyclisme
le cyclisme

le tennis
le tennis

le basket-ball
le basket-ball

la natation
la natation

la boxe
la boxe

le hockey sur glace
le hockey sur glace

le football
le football

le badminton
le badminton

l'athlétisme
l'athlétisme

le handball
le handball

le ski
le ski

le polo
le polo

les activités

les activités

rire
rire
sauter
sauter
embrasser
embrasser
marcher
marcher
chanter
chanter
rêver
rêver
prier
prier
faire la bise
faire la bise

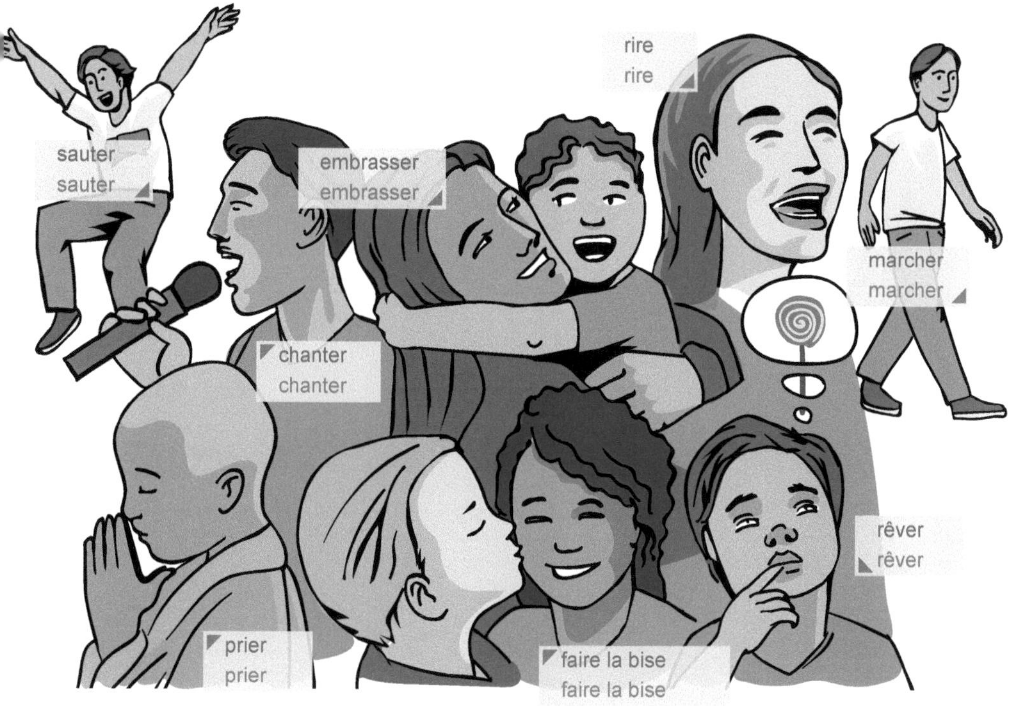

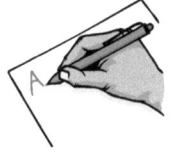

écrire

écrire

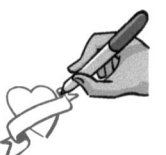

dessiner

dessiner

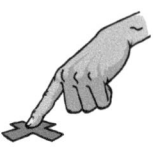

montrer

montrer

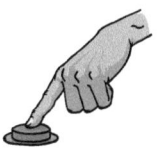

pousser

pousser

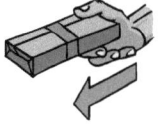

donner

donner

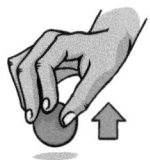

prendre

prendre

avoir

avoir

faire

faire

être

être

être debout

être debout

courir

courir

trier

trier

jeter

jeter

tomber

tomber

être couché

être couché

attendre

attendre

porter

porter

être assis

être assis

s'habiller

s'habiller

dormir

dormir

se réveiller

se réveiller

regarder

regarder

pleurer

pleurer

caresser

caresser

peigner

peigner

parler

parler

comprendre

comprendre

demander

demander

écouter

écouter

boire

boire

manger

manger

ranger

ranger

aimer

aimer

cuire

cuire

conduire

conduire

voler

voler

faire de la voile

faire de la voile

calculer

calculer

lire

lire

apprendre

apprendre

travailler

travailler

se marier

se marier

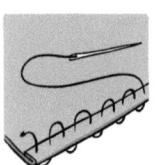

coudre

coudre

brosser les dents

se brosser les dents

tuer

tuer

fumer

fumer

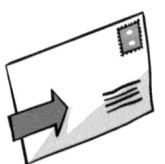

envoyer

envoyer

la famille
la famille

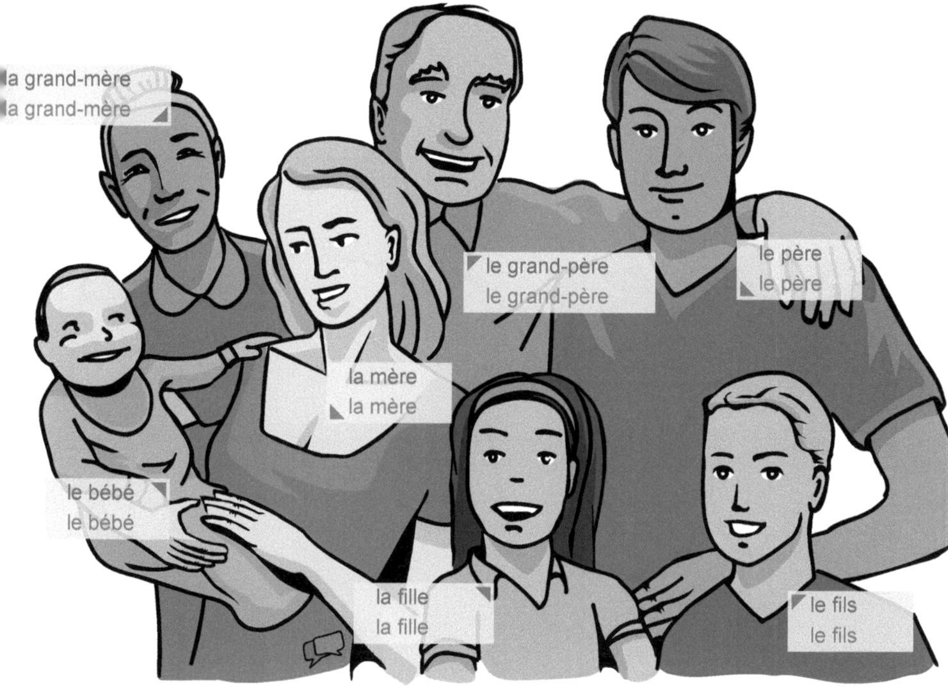
la grand-mère
la grand-mère
le grand-père
le grand-père
le père
le père
la mère
la mère
le bébé
le bébé
la fille
la fille
le fils
le fils

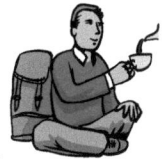

l'hôte

l'hôte

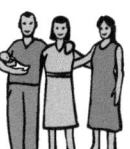

la tante

la tante

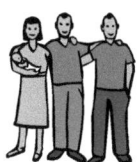

l'oncle

l'oncle

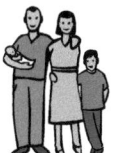

le frère

le frère

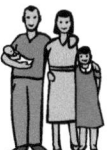

la sœur

la sœur

le corps

le corps

le front
le front
l'œil
l'œil
l'épaule
l'épaule
le doigt
le doigt
le visage
le visage
le menton
le menton
la main
la main
la jambe
la jambe
la poitrine
la poitrine
le bras
le bras

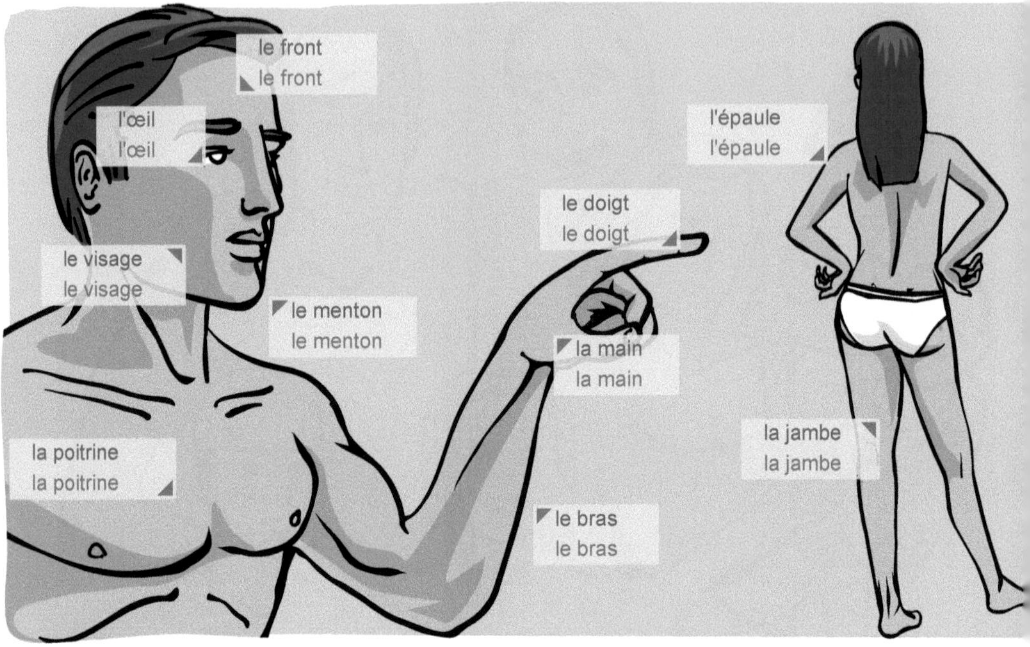

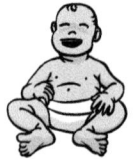

le bébé
le bébé

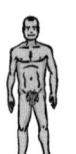

l'homme
l'homme

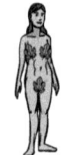

la femme
la femme

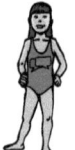

la fille
la fille

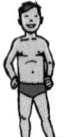

le garçon
le garçon

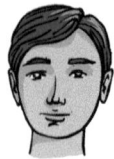

la tête
la tête

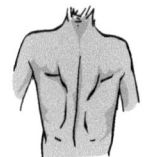

le dos

le dos

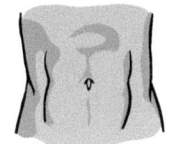

le ventre

le ventre

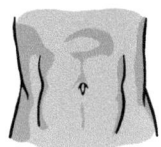

le nombril

le nombril

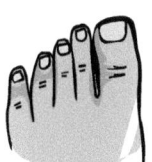

l'orteil

l'orteil

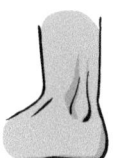

le talon

le talon

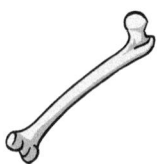

l'os

l'os

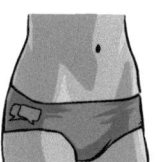

la hanche

la hanche

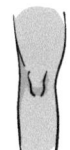

le genou

le genou

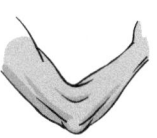

le coude

le coude

le nez

le nez

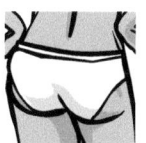

les fesses

les fesses

la peau

la peau

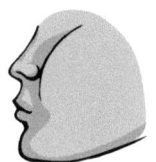

la joue

la joue

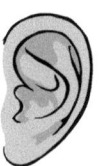

l'oreille

l'oreille

la lèvre

la lèvre

la bouche

la bouche

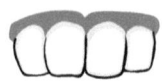

la dent

la dent

la langue

la langue

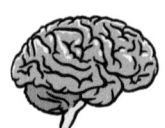

le cerveau

le cerveau

le cœur

le cœur

le muscle

le muscle

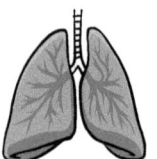

les poumons

les poumons

le foie

le foie

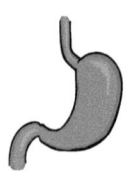

l'estomac

l'estomac

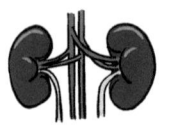

les reins

les reins

le rapport sexuel

le rapport sexuel

le préservatif

le préservatif

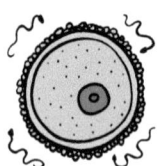

l'ovule

l'ovule

le sperme

le sperme

la grossesse

la grossesse

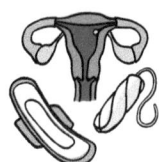

la menstruation

la menstruation

le vagin

le vagin

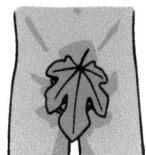

le pénis

le pénis

le sourcil

le sourcil

les cheveux

les cheveux

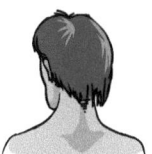

le cou

le cou

l'hôpital

l'hôpital

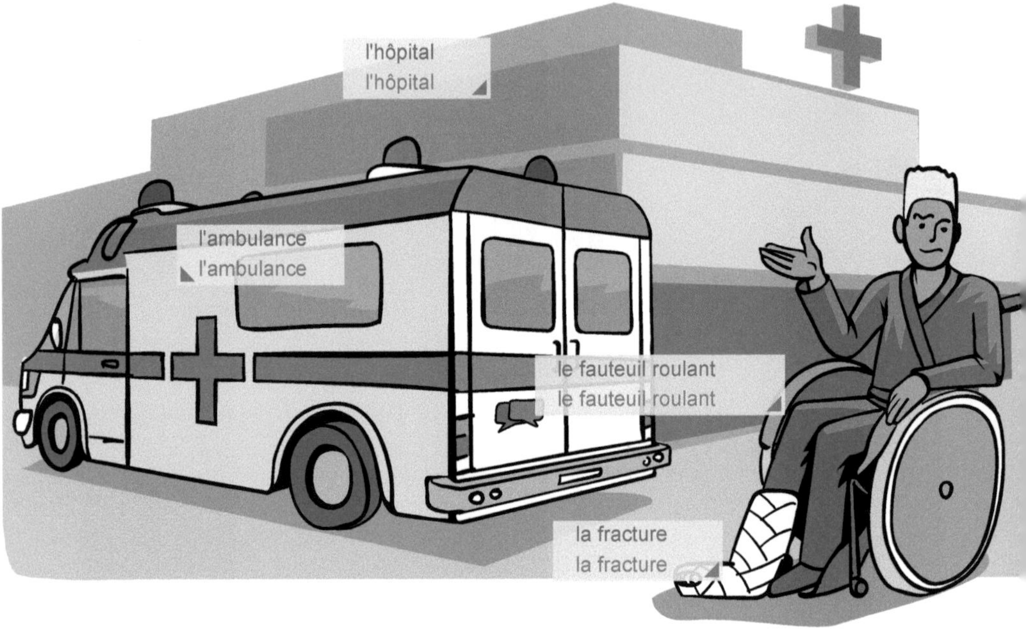

l'hôpital
l'hôpital
l'ambulance
l'ambulance
le fauteuil roulant
le fauteuil roulant
la fracture
la fracture

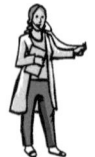

le médecin

le médecin

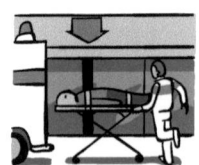

le service des urgences

le service des urgences

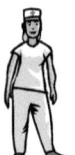

l'infirmière

l'infirmière

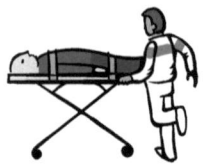

l'urgence

l'urgence

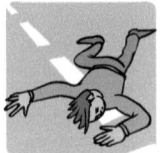

inconscient

inconscient

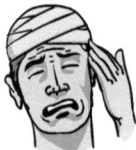

la douleur

la douleur

la blessure

la blessure

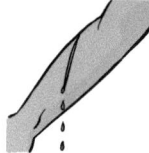

l'hémorragie

l'hémorragie

la crise cardiaque

la crise cardiaque

l'attaque cérébrale

l'attaque cérébrale

l'allergie

l'allergie

la toux

la toux

la fièvre

la fièvre

la grippe

la grippe

la diarrhée

la diarrhée

le mal de tête

le mal de tête

le cancer

le cancer

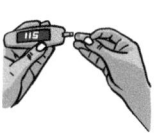

le diabète

le diabète

le chirurgien

le chirurgien

le scalpel

le scalpel

l'opération

l'opération

le CT

le CT

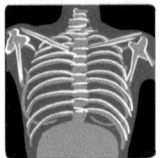

la radiographie

la radiographie

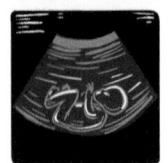

l'échographie

l'échographie

le masque

le masque

la maladie

la maladie

la salle d'attente

la salle d'attente

la béquille

la béquille

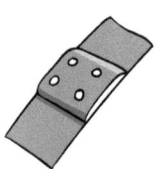

le pansement

le pansement

le pansement

le pansement

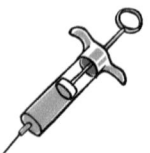

l'injection

l'injection

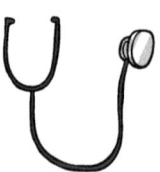

le stéthoscope

le stéthoscope

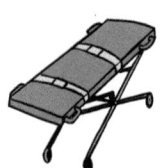

le brancard

le brancard

le thermomètre

le thermomètre

l'accouchement

l'accouchement

la surcharge pondérale

le surpoids

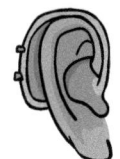

l'appareil auditif

l'appareil auditif

le désinfectant

le désinfectant

l'infection

l'infection

le virus

le virus

le VIH / le sida

le VIH / le sida

le médicament

le médicament

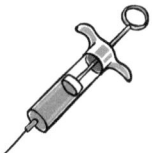

la vaccination

la vaccination

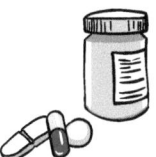

les comprimés

les tablettes

la pilule

la pilule

l'appel d'urgence

l'appel d'urgence

le tensiomètre

le tensiomètre

malade / sain

malade / sain

Au secours !

Au secours!

l'alarme

l'alarme

l'assaut

l'agression

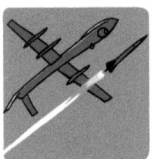

l'attaque

l'attaque

le danger

le danger

la sortie de secours

la sortie de secours

Au feu!

Au feu!

l'extincteur

l'extincteur

l'accident

l'accident

la trousse de premier
secours

la trousse de premier
secours

SOS

SOS

la police

la police

l'Europe

l'Europe

l'Amérique du Nord

l'Amérique du Nord

l'Amérique du Sud

l'Amérique du Sud

l'Afrique

l'Afrique

l'Asie

l'Asie

l'Australie

l'Australie

l'Océan atlantique

l'Océan atlantique

l'Océan pacifique

l'Océan pacifique

l'Océan indien

l'Océan indien

l'Océan antarctique

l'Océan antarctique

l'Océan arctique

l'Océan arctique

le Pôle nord

le Pôle nord

le Pôle sud
....
le Pôle sud

l'Antarctique
....
l'Antarctique

la terre
....
la terre

le pays
....
le pays

la mer
....
la mer

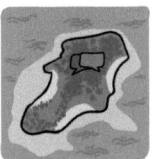

l'île
....
l'île

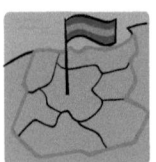

la nation
....
la nation

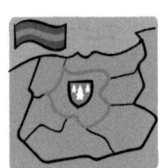

l'état
....
l'état

le cadran

le cadran

l'aiguille des heures

l'aiguille des heures

l'aiguille des minutes

l'aiguille des minutes

l'aiguille des secondes

l'aiguille des secondes

Quelle heure est-il ?

Quelle heure est-il?

le jour

le jour

le temps

le temps

maintenant

maintenant

la montre digitale

la montre digitale

la minute

la minute

l'heure

l'heure

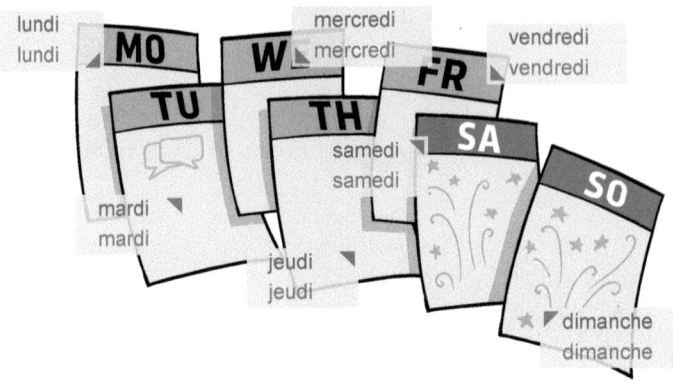

lundi
lundi

mercredi
mercredi

vendredi
vendredi

mardi
mardi

jeudi
jeudi

samedi
samedi

dimanche
dimanche

hier

hier

aujourd'hui

aujourd'hui

demain

demain

le matin

le matin

le midi

le midi

le soir

le soir

les jours ouvrables

les jours ouvrables

le week-end

le week-end

l'année

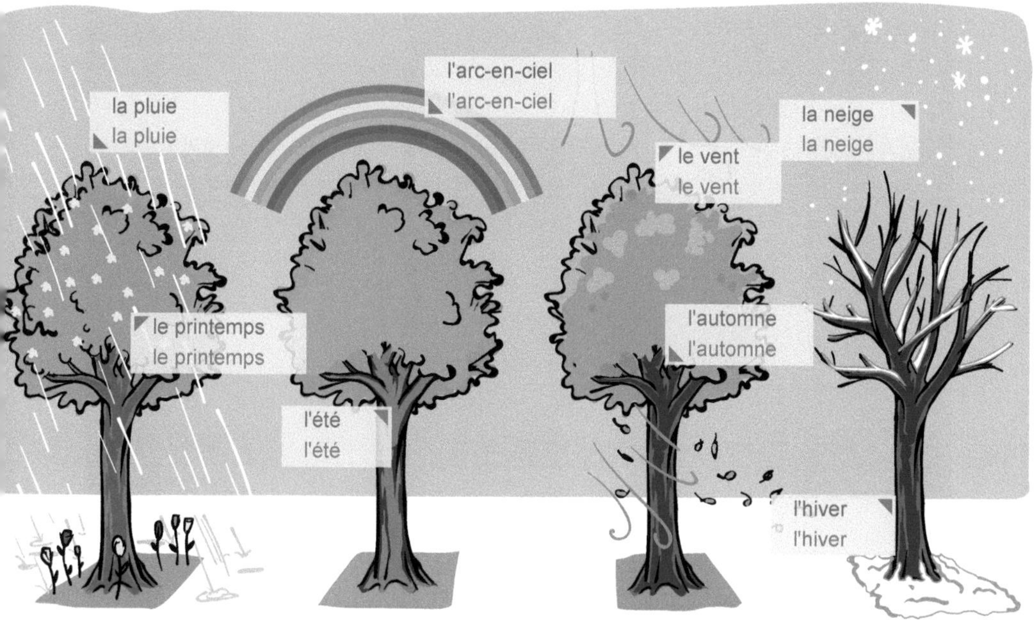

la pluie
la pluie
l'arc-en-ciel
l'arc-en-ciel
la neige
la neige
le vent
le vent
le printemps
le printemps
l'automne
l'automne
l'été
l'été
l'hiver
l'hiver

4.APRIL 11°
5.APRIL 4°
6.APRIL 13°
7.APRIL 8°
8.APRIL 10°

la météo

la météo

F C
120 40
90 30
60 20
30 10
0 0
-30 -10
-20

le thermomètre

le thermomètre

la lumière du soleil

la lumière du soleil

le nuage

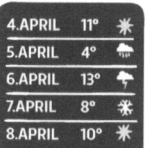

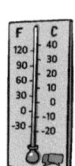

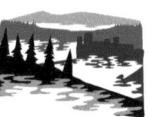

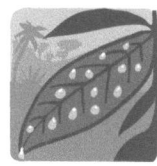

le nuage

le brouillard

le brouillard

l'humidité

l'humidité

la foudre

la foudre

la tonnerre

le tonnerre

la tempête

la tempête

la grêle

la grêle

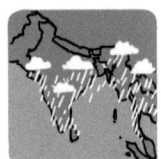

la mousson

la mousson

l'inondation

l'inondation

la glace

la glace

janvier

janvier

février

février

mars

mars

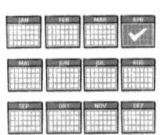

avril

avril

mai

mai

juin

juin

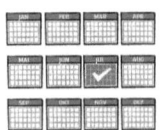

juillet

juillet

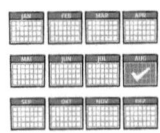

août

août

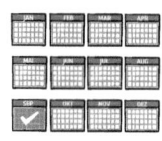

septembre
....
septembre

octobre
....
octobre

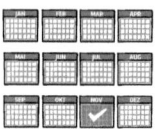

novembre
....
novembre

décembre
....
décembre

les formes
les formes

le cercle
....
le cercle

le carré
....
le carré

le rectangle
....
le rectangle

le triangle
....
le triangle

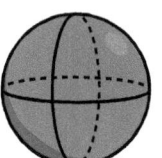

la sphère
....
la sphère

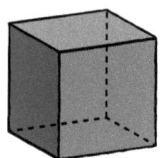

le cube
....
le cube

les couleurs

blanc
....
blanc

jaune
....
jaune

orange
....
orange

rose
....
rose

rouge
....
rouge

violet
....
violet

bleu
....
bleu

vert
....
vert

marron
....
marron

gris
....
gris

noir
....
noir

beaucoup / peu

beaucoup / peu

fâché / calme

fâché / calme

joli / laid

joli / laid

le début / la fin

le début / la fin

grand / petit

grand / petit

clair / obscure

clair / obscure

frère / soeur

le frère / la sœur

propre / sale

propre / sale

complet / incomplet

complet / incomplet

le jour / la nuit

le jour / la nuit

mort / vivant

mort / vivant

large / étroit

large / étroit

comestible / incomestible

comestible / incomestible

méchant / gentil

méchant / gentil

excité / ennuyé

excité / ennuyé

gros / mince

gros / mince

le premier / le dernier

le premier / le dernier

l'ami / l'ennemi

l'ami / l'ennemi

plein / vide

plein / vide

dur / souple

dur / souple

lourd / léger

lourd / léger

faim / soif

faim / soif

malade / sain

malade / sain

illégal / légal

illégal / légal

intelligent / stupide

intelligent / stupide

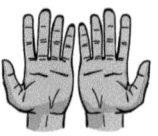

gauche / droite

gauche / droite

proche / loin

proche / loin

nouveau / usé

nouveau / usé

rien / quelque chose

rien / quelque chose

vieux / jeune

vieux / jeune

marche / arrêt

marche / arrêt

ouvert / fermé

ouvert / fermé

faible / fort

faible / fort

riche / pauvre

riche / pauvre

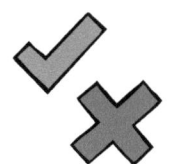

correct / incorrect

correct / incorrect

rugueux / lisse

rugueux / lisse

triste / heureux

triste / heureux

court / long

court / long

lent / rapide

lent / rapide

mouillé / sec

mouillé / sec

chaud / froid

chaud / froid

la guerre / la paix

la guerre / la paix

les oppositions - les oppositions

0

zéro

zéro

1

un / une

un

2

deux

deux

3

trois

trois

4

quatre

quatre

5

cinq

cinq

6

six

six

7

sept

sept

8

huit

huit

9

neuf

neuf

10

dix

dix

11

onze

onze

12

douze

douze

13

treize

treize

14

quatorze

quatorze

15

quinze

quinze

16

seize

seize

17

dix-sept

dix-sept

18

dix-huit

dix-huit

19

dix-neuf

dix-neuf

20

vingt

vingt

100

cent

cent

1.000

mille

mille

1.000.000

le million

le million

l'anglais

l'anglais

l'anglais américain

l'anglais américain

le chinois mandarin

le chinois mandarin

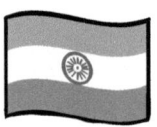

le hindi

le hindi

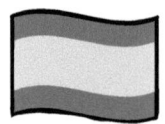

l'espagnol

l'espagnol

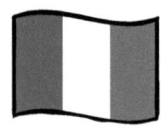

le français

le français

l'arabe

l'arabe

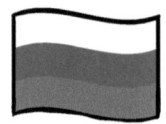

le russe

le russe

le portugais

le portugais

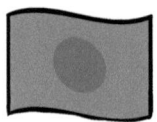

le bengali

le bengali

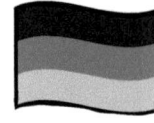

l'allemand

l'allemand

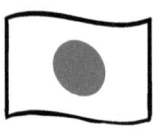

le japonais

le japonais

je
je

tu
tu

il / elle / ce, c', cela
il / elle

nous
nous

vous
vous

ils / elles
ils / elles

Qui ?
qui?

Quoi ?
quoi?

Comment ?
comment?

Où ?
où?

Quand ?
quand?

le nom
le nom

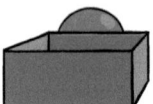

derrière
....
derrière

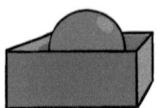

dans
....
dans

devant
....
devant

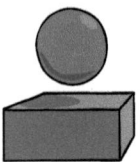

au-dessus
....
au-dessus

sur
....
sur

en-dessous
....
en-dessous

à côté de
....
à côté de

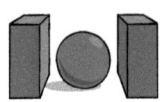

entre
....
entre

le lieu
....
le lieu